Charlotte Habersack
mit Bildern von Jutta Bauer

Luftabong und Popapier

Ein wunderwitziger Kinder-Wort-Schatz

Zu diesem Buch

Zu den schönsten Momenten mit Kindern gehören jene, in denen sie das Sprechen lernen. Dabei verblüffen sie als begnadete Wort-Erfinder und zeigen uns, wie kreativ es ist, Fehler zu machen. Sie geben Rätsel auf, wenn ihnen der gesunde »Kolibri« nicht schmeckt, nehmen den Knall vorweg, indem sie den Luftballon zum »Luftabong« machen und treffen mit »Popapier« den Wortsinn viel genauer als das Original.

Auf Spielplätzen, unterwegs, in vielen Familien und natürlich bei meinen eigenen Kindern habe ich die schönsten Wortschöpfungen gesammelt und nun in diesem Buch vereint. Dort warten sie nur darauf, in unseren aktiven Wortschatz aufgenommen zu werden. Nur Mut! Es macht Spaß und ist – zusammen mit Jutta Bauers Bildern – ein Kinderspiel!

Charlotte Habersack

Raumfisch

Südpaprika

Postkatzen

Fischrück

Pung

Katerlandschaft

Nusskacker

Slittersling

Kotzprobe

Bauchschnabel

Armeise

Gehirnverschüttung

Gummistiefel-
mütterchen

Popapier

Springsprung

Halsstangen

Frau Sör

Pfutz

Fotopirat

Heißlustballon

Vogelschwan

Computier

Vielplatz

Kriegstkind

Omibus

Luftabong

Wikinder

Einhörnchen

Umschubsengel

Einbandstraße

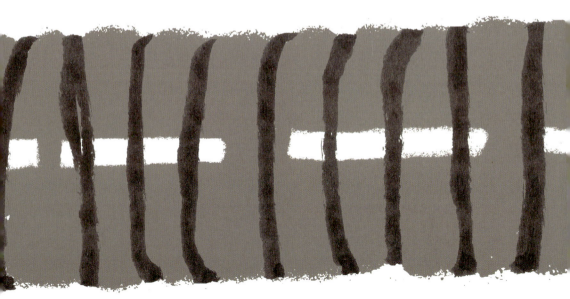

Fahrratten

Katzenzettel

Blutaugust

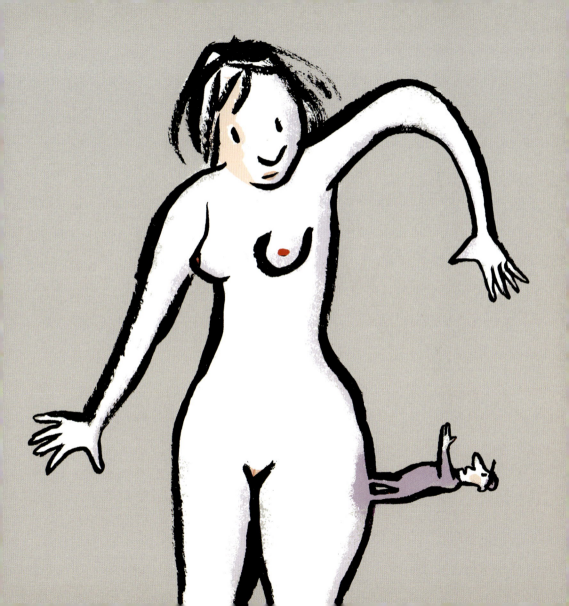

Wanderine

Fetteton

… Kolibri

Umfall

Spaßkasse

Fußfinger

Kwaratte

Bethlehemd

Ursprungswörter

Raumschiff	Computer
Südafrika	Spielplatz
Postkarten	Christkind
Frühstück	Omnibus
Pudding	Luftballon
Kraterlandschaft	Wikinger
Nussknacker	Eichhörnchen
Schmetterling	Unschuldsengel
Kostprobe	Einbahnstraße
Bauchnabel	Fahrräder
Ameise	Kassenzettel
Gehirnerschütterung	Bluterguss
Stiefmütterchen	Mandarine
Klopapier	Telefon
Springbrunnen	Broccoli
Salzstangen	Unfall
Frisör	Sparkasse
Fuchs	Zehen
Fotoapparat	Krawatte
Heißluftballon	Bethlehem
Vogelschwarm	

Für eigene Wörter

Wir danken den Kindern,
die uns ihre Wörter geschenkt haben:

Jasper, Johan, Henri, Noah Peleg, Daniel, Martin, Leon, Louis,
Jenny, Simon, Ben, Franziska, Dennis, Hannah, Sophie, Lilli,
Ida, Tess, Pauline, Johannes, Matthew, Nora, Riika, Lena,
Jonas, Anton, Philip, Jakob, Jule, Christoph, Paul, Lea, Shari,
Aaron, Leonie, Mieke, Gregor, Frederik, Olivia, Felix
und noch viele andere.

1. Auflage 2011
© 2011 by Klett Kinderbuch, Leipzig
Alle Rechte vorbehalten
Umschlaggestaltung: Jutta Bauer
Illustrationen: Jutta Bauer
Layout und Herstellung: atelier eilenberger, Taucha
Druck und Bindung: Westermann Druck, Zwickau
Printed in Germany
ISBN 978-941411-40-1

www.klett-kinderbuch.de